JN174572

キャリア教育に活きる！

仕事ファイル

センパイに
聞く

7

新しい
キャリア教育
ガイドブック

読売新聞東京本社
ソニー・インタラクティブ
エンタテインメント
日本IBM
CCIちば×伊藤工務店
NPO法人企業教育研究会
チームLogy&Nomy
「夢・未来」プロジェクト
職場体験ガイドブック

⑦ 新しいキャリア教育ガイドブック

Contents

新しいキャリア教育の授業

Project No.1
ことばの授業 ……………… 04
読売新聞東京本社 × NPO法人企業教育研究会

Project No.2
ゲームづくりと数学の意外な関係 ……………… 08
ソニー・インタラクティブエンタテインメント × NPO法人企業教育研究会

Project No.3
数学がわかると未来が見える!? ……………… 12
日本IBM × NPO法人企業教育研究会

Project No.4
水害から街を守る建設事業 ……………… 16
CCIちば × 伊藤工務店 × NPO法人企業教育研究会

キャリア教育に活きる！ **仕事ファイル**

※この本に掲載している情報は、2017年4月現在のものです。

Project No.5

環境と経済のつながりを
ゲームで体感

チームLogy&Nomy

.... **20**

Project No.6

スポーツを通して
夢をかなえる力を育てよう

「夢・未来」プロジェクト

.... **24**

職場体験ガイドブック

.... **28**

インターネットを活用して
職業について調べよう

.... **40**

これからのキャリア教育に必要な視点 7

ボランティアで人の役に立つ喜びを知る

.... **42**

さくいん

.... **44**

Project No.1

新しいキャリア教育の授業
ことばの授業

協力企業
読売新聞東京本社
×NPO法人企業教育研究会

記者になったつもりで、事実を正確に伝える記事を書いてみよう！

講師
保井隆之さん

企業の人や著名人を学校に招き、その職業ならではの貴重なことを学ぶ授業が各地で行われています。そんな新しいキャリア教育の授業を誌上で再現します。まずは、千葉県の四街道市立四街道中学校で読売新聞の記者が行った「ことばの授業」です。

※NPO法人企業教育研究会は、学校と企業が連携した、新しいキャリア教育の授業をつくっている団体です。

授業のねらい

読売新聞の保井です。今日は、みなさんに新聞記者の仕事を体験してもらおうと思います。

まずは、新聞記者はどのように取材し、どうやって記事を書いているのか、お話しします。そのあと、映像で取りあげた問題について、みなさんに取材をしてもらい、実際に記事を書いていただきます。

新聞記者が、どんな「ことば」を大切にして記事を書いているのか。そこに注目してください。

記事をまとめるポイントや手順の解説に、じっと聞きいる生徒たち。

教材

市長の記者会見を記事にまとめる！

STORY

ここは読売市。中田幸男市長が記者会見で、駅前の自転車について次のような考えを発表した。

「読売駅前に歩道がありますが、そこに置かれている自転車が多すぎます。そこで、見つけたらすぐに撤去して捨てることができるように新しい制度をつくります。とくに読売駅近くに高層マンションが3棟できた2010年から、駅の前にとめられた自転車が目立つようになりました。自転車が歩道にとめられていると歩ける場所がせまくなり、走ってくる自転車とぶつかりそうになって危険です。反対する人もいると思いますが、市民の安全のためにも、この制度をぜひつくりたい。くわしくは自転車対策課長に聞いてみてください」。

記事にするには情報が足りない！くわしい人に話を聞いてみよう

保井 記者会見は、市役所のトップである市長がおおまかなことを発表する場です。だから、それだけで記事を書く新聞記者はいません。そこで次のステップ、市役所の中でこの問題にいちばんくわしい自転車対策課長に取材して、情報を深めてください。

司会 今日はわたしが司会役ですが、対策課長役もつとめて、みなさんが考えた質問に答えたいと思います。

生徒 自転車を撤去する制度はいつから始まるのですか？

司会 来年の4月から実施予定ですね。

生徒 この制度のメリットとデメリットは何ですか？

司会 去年1年間で約20件ほど自転車と歩行者がぶつかる事故が起きていますが、そういう事故をなくせることがメリットです。デメリットは、撤去代がかかってしまうことですね。

生徒 駅の近くに自転車は何台くらいとまっていますか？

司会 平日の朝には、400台くらいが駅前にとまっています。

生徒 2010年から対策はしなかったんですか？

司会 駐輪場を2か所つくりました。また、駅前を駐輪禁止区域にしました。

生徒 駐輪場をもう1か所つくるのは不可能なんですか？

司会 そういう案も出ていますが、駅前なので、なかなか土地が見つからないということはあります。

生徒 来年から制度をつくると言っていましたが、制度とは何ですか？

司会 市でつくる条例として考えています。

生徒 自転車を撤去するにはお金がかかるそうですが、予算的にはどれくらいになる予定ですか？

司会 新年度の予算は1000万円です。

市民と専門家に取材して情報を深めよう!

保井 これだけでは、まだ記事は書けません。ここまでは市役所がわの一方的な言い分だよね。ほかに、自転車に乗っていて、すぐに捨てられちゃうかもしれない市民の声を聞かないといけないよね。あとは、市民でも市役所でもない、第三者の立場で今回の問題をどう考えればいいのかを解説してくれる専門家の意見も聞きたい。ここまで取材をして、ようやく記事が書けます。また映像を観ていきましょう。

映像を観ながら、だれが何を言ったのか、それぞれメモしていく。

・市民の声・

賛成

前田陽太さん／大学生(20)
自転車がとまっていると、歩道がせまくなって危ないんですよね。違法自転車は捨ててもよいと思うので、賛成です。

大島久美子さん／大学生(22)
わたしは自転車に乗りませんけど、駅前の自転車ってじゃまだなと、前から思っていたんですよね。

反対

酒井直人さん／会社員(29)
駅のまわりに駐輪場がないから、歩道にとめているだけです。市は、駅前にもっと駐輪場をつくればよいと思います。

根本ひかるさん／会社員(25)
自転車をすぐ捨てるなんて、おかしい。自転車がいやなら、市長が駅前に立って、自転車の整理をすればいいじゃないですか。

・専門家の解説・

加藤友美さん／美浜大学教授
自転車は通勤通学に欠かせない身近な乗り物ですが、どこにでもとめられるために、駅前の違法駐輪は全国的な問題です。ただ、見つけたらすぐに撤去して捨てるという制度は、全国でも初めてではないでしょうか。

新聞記事を書くための3つのコツをつかもう!

市役所、市民、専門家に取材して材料がそろったところで、いよいよ記事を書くときのコツが示されました。

> **記事を書くコツ**
> ◎必要な情報を選びだす。
> ◎大切なことから順番に書く。
> ◎短い文で書く。

保井 新聞記者は記事を書くときに、たくさんの情報から何を書くか選びだします。これがひとつ目のコツです。例えば、市民4人の取材のすべては紙面に入りきらないので、賛成ひとり、反対ひとりのようにバランスを取ります。

ふたつ目のコツ、「大切なことから順番に書く」ですが、新聞では、原稿が紙面に収まらなくなったら、後ろから切っていくんです。だから、絶対にここは切ってほしくないというところは、前に書いておきます。

3つめのコツですが、文章は短ければ短いほど正確に伝わります。読売新聞は1行12字なので、12字の原稿用紙で、だいたい5、6行書いたら、そこで一回「。」をつけるようにしてください。自分が文章を書いていて長いなと思ったら、文章を半分に切れないか考えてみて。それから、新聞記者は、締め切り時間も絶対に守らないといけません。今回は15分以内に、記事を書いてください。

解説

生徒が書いた記事を新聞記者がチェック！

生徒の原稿 ①

読売市の中田幸男市長は記者会見を29日に開いた。市長は放置自転車を捨てる制度をつくると発表した。2010年から放置自転車が目立つようになった。この制度は来年4月から開始される。

生徒の原稿 ②

読売市の中田幸男市長は29日、駅前の違法自転車を見つけると撤去する制度を、来年4月から条例として実施することを発表した。

2010年から自転車が目立ち、歩道がせまくなるなどの問題があり、市は駐輪場2か所や駐輪禁止区域を設けた。

しかし、平日の朝は400台の違法駐輪が見られ、制度に1000万円の予算を使うとされている。市民からは、道がせまくなり危ない、駐輪場をもっとほしい……

生徒の原稿 ③

読売市の中田幸男市長は29日、同市内の駅前の違法駐輪を見つけしだい撤去する条例をつくることに決めた。来年4月から実施する。昨年1年間で歩行者対自転車の事故が20件あったため、市民の安全を守ることが目的。駅前に2か所駐輪場があるものの、新設する土地がない。平日には400台の自転車がとめられ、その撤去となる1000万円の予算である。

美浜大学の加藤友美教授は、自転車の不法駐輪は全国的な問題だが、全国初の条例だと話している。

自分が書いた記事をみんなの前で発表。緊張の一瞬。

❶は、すごくわかりやすいですね。短い文でたたみかけるように重ねていく、プロっぽい原稿です。コツを守って、よく書けていると思います。

❷は、記事が未完成ですが、数字が入っていて説得力があります。データはとても大事です。書き出しもうまいので、もう少し時間があればよかったね。❸は、「市民の安全を守る」というキーワードを入れたところがよいと思います。これは読者に伝えなければいけない情報です。駐輪場を新設する土地がないという情報もきちんと書いていて、最後に専門家の意見でしめているので、とてもプロっぽい原稿だと思います。

プロとして生きるということは、つねに自分で学んでいくということ

授業の終わりに、保井さんがプロとして働くときの心得について、話してくれました。

保井 プロの職業人は、人に頼らず自分で学んでいかなければいけません。だから、「こういうときはこういうふうに勉強する」というような、自分なりの勉強の仕方を今のうちにぜひ学んでほしいですね。

「ぼくが新聞記者になりたてのころは、原稿の書き方を、先輩も上司も教えてくれなかった。だからほかの記者の記事を見て、自分で覚えていったんです」と話す保井さん。

Project No.2

新しいキャリア教育の授業

ゲームづくりと数学の意外な関係

協力企業
ソニー・インタラクティブエンタテインメント
×NPO法人企業教育研究会

ゲームづくりに欠かせない「プログラミング」を体験してみよう!

神奈川県の横浜市立軽井沢中学校では、ソニー・インタラクティブエンタテインメントとNPO法人企業教育研究会とが協力して、数学の特別授業が行われました。授業で学んだ知識を活かして、みんなで「プログラミング」に挑戦したようすを見てみましょう。

授業のねらい

　ソニー・インタラクティブエンタテインメントは、「PlayStation 4」などのゲーム機や、いろいろなゲームソフトをつくっている会社です。

　ゲームが完成するまでには、キャラクターデザインやBGM制作など、たくさんの工程がありますが、その中心となっているのが「プログラミング」です。コンピューターを動かす命令は、「プログラム」といって、さまざまな要素から成りたっていますが、そのなかには中学校で習う関数の公式もふくまれています。授業で学んでいることが、ゲームの世界でどんなふうに役立っているのでしょうか？

この日、授業に参加したのは3か月後に職場体験をひかえた2年生の生徒たち。

教材

『フリフリ！ サルゲッチュ』の人気キャラクター、ピポサルの動きをプログラミングする

POINT

　人気ゲーム『フリフリ！ サルゲッチュ』では、「ピポサル」というキャラクターたちが、ジャンプをしたり物を投げたりと、さまざまな動きをする。

　この授業では、ピポサルが得意なジャンプの動きに注目。ピポサルの華麗なジャンプは、どんなふうに生みだされているのか、その仕組みを見てみよう。

CHARACTER

ピポサル
頭に「ピポヘル」をかぶっている。つかまえると、「ゲッチュ！」という効果音が流れる。

KEY WORD
プログラミング

コンピューターに指示を出す「プログラム」をつくること。プログラムは、英語をベースに、数式が組みあわされており、ピポサルの動きも、プログラミングによって決めることができる。右の写真は、今回の授業のために用意されたプログラムの一部。

ゲームを動かす「プログラミング」

2年生3クラスの生徒が集まった武道場。授業は、ゲームができあがるまでの話から始まりました。

講師 ゲームづくりは、企画書を書くところから始まります。ストーリーや舞台設定、登場するキャラクターなどを考えるんです。企画書が社内で通ったら、ゲーム制作開始です。まず、キャラクターや背景の画像をつくります。キャラクターは、デザイナーが何度も試作して姿かたちを考え、動きのパターンもいくつか考えます。

その次は音楽づくりです。ピポサルを捕まえると、「ゲッチュ！」という音が鳴りますが、こうした効果音もいっしょにつくります。そしてそれらをまとめるのが「プログラミング」です。これまでにつくったキャラクターや効果音を、どんなタイミングで動かし、鳴らすのか、コンピューターに指示を出します。この作業が終わると、ゲーム完成です。

関数の数式で、キャラクターが動く!?

講師 ゲームでは、キャラクターをジャンプさせるボタンやダッシュさせるボタンが決まっていますよね。これも、プログラミングによって決まっています。

司会 ではプログラミングではどんなことをするのか、実際に見てみましょう。右の画像は、プログラムの作成画面です。この中に「y=2*x」という文字があるのですが、これ、何かに似てますよね。わかる人、いますか？

生徒 数学で習う関数の数式ですか？

司会 はい、正解です。「2*x」の「*」は、数式の「×」にあたります。なので、「y=2*x」は「y=2×x」つまり「y=2x」のことです。では、このプログラムをコンピューターに読みこませると、どんなことが起こるのでしょうか？　右の画像を見てください。ピポサルが右ななめ上に向かって動いていきますね。この動き、ピンとくる人はいませんか？

生徒 「y=2x」のグラフの動き？

司会 そう、その通り！　比例のグラフになるんです。このように、このピポサルの動きは、関数の数式によって決められているんです。プログラムの中には、数学で使う計算式がたくさん使われています。中学校の授業で習うことは、プログラミングの世界ではとても大切な知識となっているんですよ。

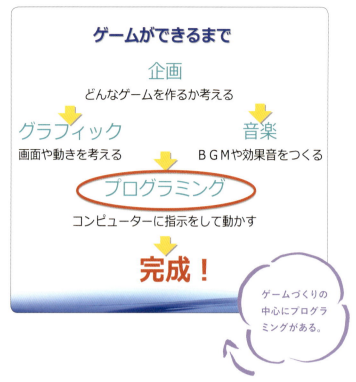

ゲームづくりの中心にプログラミングがある。

【プログラムの作成画面】

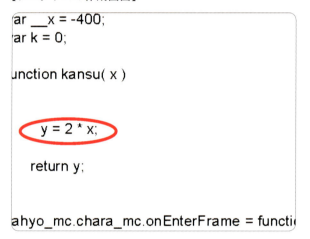

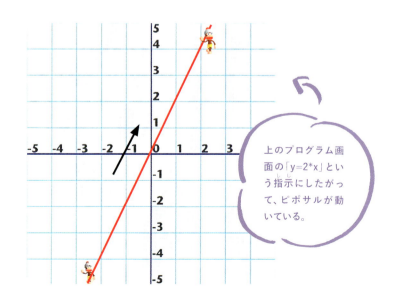

上のプログラム画面の「y=2*x」という指示にしたがって、ピポサルが動いている。

全員に配られたワークシートにピポサルの動きを書きこむ。

プログラムに数式を入力して、ピポサルを動かしてみよう!

司会 では、今度はみなさんに数式を考えてもらい、実際にピポサルを動かしてみたいと思います。手元のワークシートに注目してください。表の中に、ピポサルが大好きなバナナが6つ散らばっています。バナナをできるだけたくさん取れる数式を、2つつくってみてください。ただし、岩にはぶつからないようにしてくださいね。……では、そろそろ答えあわせをしましょう。答えてくれる人はいますか？

生徒 はい。「y=2x」と「y=2」ですか？

司会 ではさっそく、その答えをコンピューターに入力してみましょう。バナナをいくつ取れるか、注目です……お見事！合わせて5つのバナナを取ることができました。

プログラムに「y=2*x」の数式を入力。

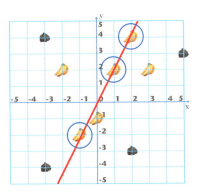

プログラムに「y=2」の数式を入力。

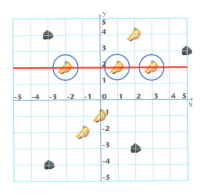

解説

比例、反比例、二次関数……数式によって動きは変わる

10ページでは、比例の数式を使って、ピポサルを動かしました。しかし関数には、中学校までで習う比例や反比例、一次関数、二次関数の数式のほかに、高校で習う三次関数もあります。

例えば、ピポサルをジャンプさせるときの動きは、二次関数で表現することができます。いろいろな関数を組みあわせると、キャラクターの動きにはばを出すことができるのです。

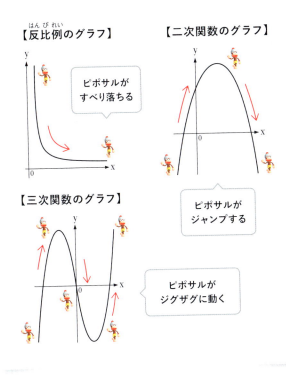

【反比例のグラフ】 ピポサルがすべり落ちる

【二次関数のグラフ】 ピポサルがジャンプする

【三次関数のグラフ】 ピポサルがジグザグに動く

社会のさまざまな場所で活用されるプログラミング

講師 プログラミングと関数のつながりについてお話ししてきました。実際のゲームのプログラミングはもっと複雑ですが、今回使った数式は大事な基本となっています。プログラミングは、ゲームだけでなく、WEBサイトの制作や銀行の入金システムの管理など、あらゆる場所で活用されていて、そのすべてに数学が利用されています。今学んでいる数学と世の中は、プログラムで深くつながっているんです。

Project No.3

新しいキャリア教育の授業

数学がわかると未来が見える!?

協力企業
日本IBM
×NPO法人企業教育研究会

講師
都竹高広さん

日本IBMは、コンピューターのシステムやサービスを開発している会社です。千葉県の四街道市立四街道中学校では、日本IBMでデータ分析をしている都竹高広さんを招き、数学の特別授業を行いました。授業のようすを見てみましょう。

アニメを観ながら、ゲーム感覚でデータ分析をしてみよう

授業のねらい

みなさん、新聞やインターネットの記事で、「今年の冬は最大10％電力不足の見こみ」、「物価の上昇率2％達成見こみ」などと、未来のことを予測したような記事を見かけたことはありませんか？

じつは、こうした予測は、専門家が知識や経験だけをもとに予想しているのではなく、根拠となるデータを分析したものなんです。今日は、教材のアニメをもとに授業を行います。その中で、みなさんには、ある学園の新聞部の新入部員として、選挙結果をデータから予測してもらいます。司会のわたしは副部長、都竹さんは特別顧問として、みなさんをサポートします。データ分析でどんなことがわかるか、注目してください。

教材

**架空のビッグスクールで行われる次期生徒会長選挙
その結果を、データから予測！**

STORY

西暦2200年、日本は現在よりもさらにグローバル化が進み、毎年大量の留学生がやってくるようになった。そこで政府は、12～18歳までの多国籍な生徒が在籍するビッグスクール、「学園都市」をつくりあげた。全校生徒はなんと3万5000人。生徒会活動はとても盛んで、生徒会に入ることは学生の夢であり名誉である。今年の会長選挙への立候補者はエリー・ベネット、戸田隼人、リカルド・太郎の3名。一体、だれが生徒会長に選ばれるのだろうか？

KEY WORD

ATシステム

「学園都市」に存在する、成績による階級制度。テストの成績別に10段階の「ATレベル」に分けられており、レベルの高い者には学園内で使える電子マネーの配布や特別施設の使用許可などの優遇がなされる。一方、レベルの低い者には、成績向上のため、恋愛禁止、スマートフォン・パソコンの使用禁止などきびしい制限が設けられる。

CAST

「ATシステムは、存在してよいものだと思う。ただ、問題点は修正しなくちゃね。」

エリー・ベネット
テニス部主将。おととし、去年と生徒会長選挙に立候補したが、落選。今年で3回目の立候補。

「ATシステムは学業を推進するための大切な制度。だから撤廃には断固反対！」

戸田隼人
タレント活動をしており、学園内にファンクラブが乱立。テスト順位も毎回学年トップテン入り。

「ATシステムは、上位のごく一部の生徒が優遇される不平等な制度。システム撤廃を！」

リカルド・太郎
誠実な性格で、実現しようと思ったことはとことんやりぬく。今回の選挙のダークホース的存在。

だれが当選するか、選挙結果を過去のデータから予測！

アニメが始まると、みんなの視線がいっせいにテレビ画面にくぎづけになりました。

立候補者はエリー、戸田、リカルドの3名。選挙が公示されて2週間目に、それぞれの支持者の人数をまとめた中間報告が発表されました。

都竹 このデータによると、3度目の立候補のエリーが1位、戸田が2位、ふたりに大きな差をつけられてリカルドが3位という結果になりました。しかし、まだだれに投票するか決めていない「支持者未定」の人も多いので、これから、何が起こるかわかりません。そこで、今後の動きを予測するためのヒントがこれです。

司会 過去3年間の会長選挙で、支持者数がどう変動したかをまとめたグラフですね。同じ班のメンバーで、データからどんな結果が予測ができるか、話しあってみてください！

当選するのはだれか、班ごとに答えを出してくださいね。

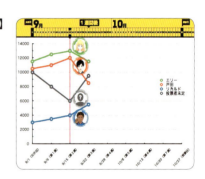
【中間報告】

【過去3年間（2197〜2199年）の支持者数変動調査】

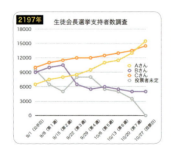

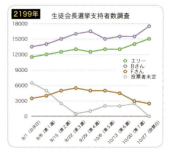

資料を見て相談しながら答えを導きだす（上）。登場人物が、選挙での公約をスピーチ。これも、選挙結果を予測するヒントになる（下）。

グラフをどう読みといたのか、班ごとに予測を発表

司会 では、予測の札を上げてください。7班のうち、6班がエリー当選、ひと班がリカルド当選ですね。

都竹 なるほど。では、理由を聞いてみましょう。まず、エリー当選と予測したA班はどうですか？

A班 エリーは去年、約1万5000人の支持を集めています。今年も、去年卒業した人以外はエリーに投票する可能性が高いので順調に支持者数を伸ばすと思います。戸田もチャンスはあるんですけど、例年のグラフを見ると、支持者数3位からの逆転は1回だけ。2位からの逆転は1回もないので、エリーが有利だと思いました。

都竹 よく見ていますね。ここでは数年分のデータを見比べて、変化を読みとることが大切なので、それができていてすばらしいと思います。ではB班はどうですか？

B班 リカルドは、公約でATシステムを撤廃すると言っています。学園都市にはATシステムに不満のある人が多そうなので、これから「投票者未定」の中から、リカルドを支持する人が増えるかもと思いました。

都竹 今グラフに浮上していない部分を予測していますね。そういった見方もできると思います。

司会 この時点では、クラス全体での予測は「エリー当選」が多いようですね。さて、結果はどうなるのでしょうか？

・分析・

各候補者の、「ATシステム」への公約が当落のカギに!?

結果を正確に予測するには、データを数学的な視点から分析することが大切

中間発表から6週間後、学園都市の生徒会長選挙が行われた。

14ページでは、「支持者数変動調査」のデータから、選挙結果を予測した。視点を変えて、今度は、各候補の支持者をATレベル別にふりわけたグラフを見てみよう（右上）。「投票者未定」の部分に注目。ほとんどが、ATレベル1～8の人たちだ。

次は「ATレベルに応じた優遇度」に注目。じつはATシステムは、レベル9、10の人が極端に優遇されるシステムだったのだ。そのため、「投票者未定」の人たちの票は、ある候補者のもとに流れ、選挙結果の決め手となった。当選したのがだれだったかと言うと……。答えはここでは明らかにできないが、自分なりに考えてみてほしい。

データ分析には正解がない。大切なのは、自分なりにそのデータを理解して、数学的な視点から根拠をもって分析することなのだ。

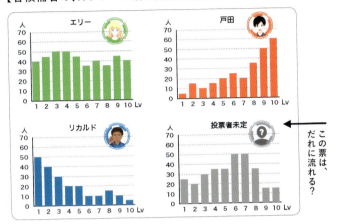

【各候補者の、ATレベル別の支持者数（中間報告）】

この票は、だれに流れる？

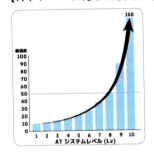

【ATレベルに応じた優遇度】

優遇度が高いのはレベル9、10の生徒だけ。レベル1～8の生徒は不満だらけかも!?

社会で活用されているビッグデータ、分析の基本は数学！

司会 今回の授業では、紙とペンでデータの分析をしました。しかし、社会では、コンピューターで分析されたデータが活用されています。あつかう情報量がとても多いためです。これを「ビッグデータ」といいます。

都竹 例えば、全国の自動販売機からデータを吸いだし、地域別に人気の飲み物を割りだして商品を入れかえたり、電子マネーのデータから、どの年代の人がどこで何を買ったか割りだして、企業が出店するときの参考にしたり。あらゆることにデータが活用されています。その基本は、中学校の数学で習う統計です。数学が得意な人も苦手な人もいると思います。でも大切なのは、データが生まれた背景を理解すること。みなさんには、その努力をしてほしいと思います。

「データ分析の仕事といっても、数学だけできればよいわけではありません。得意分野をのばしつつ、不得意な分野も努力をしてのばしてほしいです」と都竹さん。

Project No.4

新しいキャリア教育の授業

水害から街を守る建設事業

協力企業
CCIちば × 伊藤工務店
× NPO法人企業教育研究会

台風や豪雨による水害が多い日本。千葉県千葉市の伊藤工務店は、川岸を補強する護岸工事や、建物の耐震工事などを行っています。千葉市立幕張中学校では、伊藤大介さんを招き、建設事業が街の防災にどう役立っているかお話を聞きました。

建設事業が暮らしの中でどんな役割を果たしているか見てみよう

※この授業は、CCIちば（千葉県魅力ある建設事業推進協議会）が、NPO法人企業教育研究会と連携して千葉県内の学校へ提供しているキャリア教育プログラムの一環として行われました。

授業のねらい

こんにちは。ぼくの会社は建設事業を行っています。「建設」と聞くと、学校や家など、建物を建てる仕事を想像する人が多いかもしれません。でも、それだけではないんです。

じつは「建設」の仕事は、大きくふたつに分類できます。ひとつは、建物をつくる「建築」、そしてもうひとつは、道路や橋、鉄道などをつくる「土木」です。どちらにも共通しているのは、「生活に必要な環境を整える仕事」だということです。

これからお話する護岸工事は、土木建設に当てはまる仕事です。川岸を守る工事が、どのように行われているのか、くわしくご説明します。

護岸工事のようす。くわしくは、18ページ。

教材

川の増水で起こる水害への備え、「護岸工事」とは？

STORY

川の水量は、雨量によって変わります。

台風や豪雨などの大雨で水が増えると、右の写真のように川岸がくずれてしまうことがあります。くずれた部分からは、水があふれやすくなるので、大変危険です。ときには、下の写真のような浸水被害の原因になってしまうこともあります。

そこで、川岸がくずれてしまう前に補強をするのが「護岸工事」です。18ページからは、千葉県千葉市の新川で行われた護岸工事のようすを見てみましょう。

千葉市の花見川の川岸がくずれてしまったときのようす。

2011年9月4日、大雨で増水した利根川。

流れる川の中で、どうやって岸の補強作業を行う？

幕張中学校の1年生が集まった体育館。大きなスクリーンに、川の写真が映しだされました。

伊藤 写真は、新川の護岸工事のようすです。新川の川岸は、くずれているわけではないので、工事は必要ないと思う人もいるかもしれません。でも川の水はつねに、川底や側面の砂をけずりながら流れています。流れが急な場所はとくにそうです。大雨が降れば、川から水があふれる原因にもなるので、川岸がくずれる前に、補強が必要です。

ただ、水が流れる中で工事をするのは危険です。そこで、わたしたちはこの「鋼矢板」を川に埋めて作業をします。

司会 なぜだかわかる人、いますか？

生徒 作業中に川の水が入ってくると、困るから？

伊藤 そう、その通りです。鋼矢板は鉄でできていて、長さが13.5mもあります。断面は台形です。この板を何枚も川に埋めこんで壁をつくり、壁の内側に水が流れこまないようにするんです。

伊藤さんから「鋼矢板の重さはどれくらい？」と、クイズが出題された。答えは、約800kg。

鉄でできた鋼矢板。さびても強度が保たれるように、少し板に厚みがある。

• 解説 •

護岸工事の進め方

伊藤さんのお話に登場した鋼矢板は、実際の現場ではどのように使われているのでしょうか？ くわしく見てみましょう。

❶ 川と岸の間に「鋼矢板」を埋めこみ、作業スペースをつくる

専用の機械で、鋼矢板を1枚ずつ埋める。土が固いと、1枚埋めるのに20～30分かかる。

鋼矢板をたがいちがいに埋めこみ、壁をつくる。たがいちがいにすることで、壁に当たる水の力が分散され、たおれにくい壁になる。

❷ 作業スペース内で安全に作業

鋼矢板と岸の間の水をぬき、地面を固めたら、作業スペースの中で、川岸の補強作業を行う。新川の場合、工事には約5か月かかった。

石を利用した工事方法で、魚も入りこむことができる川岸に

伊藤 川岸を補強する方法には、土をコンクリートで固めるなど、さまざまな方法があります。その中でも「かごマット」という網でできた箱を利用して、川岸を守る方法を採用しています。下の図のように、かごマットの中に石をつめこみ、それを右の写真のように積んで、川岸を守るんです。

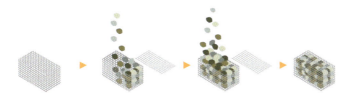

司会 なぜこの方法を採用したのか、わかる人?
生徒 川の流れる力が上手に吸収されるから?
伊藤 たしかに、それも理由のひとつです。でも、ほかにもよいところがあります。それは、石のすき間に川の魚たちが出入りでき、やがて水草も育つこと。護岸工事は、見方を変えれば、人が自然に手を入れることでもあります。なので、川にすむ生き物の住環境にも気を配っているんです。

かごマットで補強された川岸。中につめこまれている石は、玉石や栗石など、川の水中で多く見られる自然石。やがて、石のすき間が魚のすみかになることもある。

生活する環境を守り、整える建設業の仕事

司会 護岸工事では、川岸を補強することで、台風や豪雨に強い街をつくるんですね。建設業の会社では、道路工事や橋の補修、上下水道の整備など日常生活に欠かせない設備をつくり、維持する仕事をしています。
伊藤 建設業は、ふだんは何かを「つくる」ことが仕事ですが、災害が起きたときは「直す」ことが仕事になります。2011年の東日本大震災では、千葉県内でも津波や地面の液状化現象で大きな被害が出ました。あのときは、全力で道路の修復工事や下水の整備に手をつくしました。この仕事は、自分たちの大切な暮らしを守る仕事なんです。それこそがこの仕事のいちばんのやりがいだと感じています。
司会 ありがとうございました。生徒のみなさん、何か感想はありますか?
生徒 ぼくたちはキャリア教育の授業で、身近な人たちの仕事について調べてきました。今日、建設業の人たちの仕事に対する思いを聞いて、自分の未来の姿が少し変わったような気がしました。

大きな新聞は、東日本大震災後、建設業が千葉県の復興をどう支えたかなどが書かれたもの。手前は、授業の感想などをまとめるために配られたワークシート。

Project No.5

新しいキャリア教育の授業

環境と経済のつながりを ゲームで体感

チーム Logy&Nomy

講師 冨浦祥子さん

『Logy&Nomy』は遊びながら、お金やモノの動きと環境のつながりについて考えることができるボードゲームです。「チームLogy&Nomy」は、各地でLogy&Nomyを活用した授業を行っています。そのようすを見てみましょう。

> ゲームを通して、環境問題について考える力を養いましょう

※『Logy&Nomy』は「福澤諭吉記念文明塾コカ・コーラ地球環境プロジェクト」2010年度環境教育プログラムの一環として開発されました。

授業のねらい

日本は食料をたくさん輸入しています。そのため、海外から物を運ぶには、大量の化石燃料を使います。これが、大気汚染の原因のひとつになっています。人が生活を豊かにしようと行動するとき、その陰で環境破壊が起こっていることが多いのです。『Logy&Nomy』は、環境に配慮しつつ、国を豊かにする方法を考えて遊ぶゲームです。遊びを通して、環境問題を身近に感じてもらえたらうれしいです。

> 世の中にはどんな環境問題があるのかや、ゲームの趣旨をまとめた映像を観てから、プレー開始。

教材

Logy&Nomyってどんなゲーム？

ITEM

サイコロ
青、黄、赤の3色の目がある。出た目の色と同じ色のイベントカードを引く。

架空貨幣
このゲームでやりとりする架空のお金。単位は「G」。ゲームの前に、お金持ち国には4000G、ほかの国には2000Gが配られる。

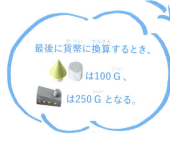

> 最後に貨幣に換算するとき、🌲⚪は100G、⬛は250Gとなる。

クイズカード / アンラッキーカード / ラッキーカード

イベントカード
青はクイズカード。クイズに正解すると駒やGがもらえる。赤はアンラッキーカード。環境問題や自然災害が起こり、Gや駒を失う。黄はラッキーカードで、環境にとってよいことが起こり、駒やGがもらえる。

工場 / 木 / 資源

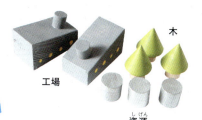

駒
それぞれの国へ、決まった数の駒が配られる。資源は一度「生産」すると使えなくなるが、木は「生産」で使ったものも再利用できる。資源の駒が減ってくると、うばいあいになることもある。

RULE

①4人または8人で遊ぶ。「工業国」「資源国」「森林国」「お金持ち国」の4チームに分かれ、サイコロをふる順番を決める。さらにひとり、ゲームの進行役「バンク」（銀行）がいるとよい。

②自分の国の番になったら、サイコロをふる。出た目の色と同じ色のイベントカードを引き、カードに書かれた指示に従う。

③自分の国を豊かにする「行動」を、下の4つの中からひとつ選んで実行する。行動は、パスもできる。

行動	
A	木を1本100Gで自国に植える
B	工場を1基500Gで建てる
C	資源を1個100Gで購入
D	工場1基につき、木と資源をひとつずつ使って「生産」し、500Gゲット（一度に手持ちの工場の数まで）

②、③を4チームが1回ずつ終えると、1ターンが終了。ターンの数は自由だが、できれば8ターン、少なくとも4ターンはプレーするのがおすすめ。

④全ターンが終わったら、手持ちのGと、木や資源、工場の駒をGに換算した金額の合計を出す。このとき、木の駒の数がいちばん多い国には、500Gの補助金が出る。合計金額がもっとも高い国が優勝。

国の主になったつもりでゲームをしよう！

冨浦　これから、みなさんには自分の国を守る主として、ゲームをしてもらいます。

順番にサイコロをふって、出た目の色のイベントカードを引きます。カードの色によって、国に災害が起こることもあれば、環境によいことが起こる場合もあります。どんなカードに当たるかは運次第ですね。

カードを引いたあとは、「行動」をしていただきます。行動の内容は、A～D（21ページの「行動」を参照）の4つの中からひとつ選んでください。

「行動」は、自分の意思で決められることなので、とても重要です。どの国を担当することになっても、自分の国を豊かにするための行動は何か、よく考えて選択してくださいね。それでは、ゲーム開始です！

木を植えて自然豊かな国にするか？ 工場を建て経済を発展させるか？ 選択によって勝敗が決まる

じゃんけんで勝った資源国が、最初にサイコロをふって、青色を出しました。

バンク　はい。資源国は青のイベントカードの中から1枚引いてください。青はクイズに答えるカードですね。どんな問題ですか？

資源国　「地球の温暖化は温室効果ガスの働きによるものですが、次のうち温室効果ガスでないものはどれか？　①窒素ガス、②二酸化炭素、③フロン」。むずかしい……③かな？

バンク　残念、正解は①です。ちなみに、温室効果ガスの中でも、二酸化炭素は地球温暖化にもっとも大きな影響をあたえています。では、次は「行動」を選びます。どうしますか？

資源国　じゃあ、100G支払って、木を1本植えます。

バンク　次はお金持ち国の番です。赤が出たので、アンラッキーカードです。どんなカードですか？

お金持ち国　「ヒートアイランド現象が発生！　暑くてやる気が出ない。木が5本以上ないと『行動』ができない」。木は2本しか持っていません……。わたしは行動ができないんですね、残念。でも罰金などがなくてよかったです。

バンク　はい。お金持ち国は行動ができないので、次は森林国です。サイコロは、黄色が出たのでラッキーカード！　カ

【スタートのときの持ち駒と貨幣】

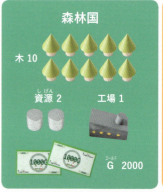

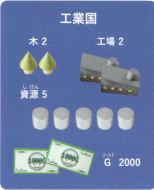
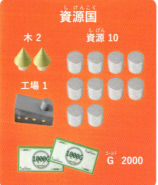

イベントカードは、赤、黄、青それぞれ20枚ずつ。赤のアンラッキーカードを引いて災害が起こったときは、木の駒を持っていないと深刻な被害を受けやすい。

青のカードでは、環境問題に関するクイズが出題される。もし答えをまちがえても、環境問題についての知識を得る機会になる。

ードの内容は？

[森林国]「ぞうさん緑化マット※を設置。50Gと木1本がもらえる」。行動は……200G出して資源をふたつ買います。

[バンク]では最後は工業国ですね。サイコロは、赤色。アンラッキーカードです。何が起こりましたか？

[工業国]「洪水で被害発生。4か国の木の本数が、合わせて15本未満の場合は、各国500G支払う」。

[バンク]木の本数は……4か国合わせて17本あります。ということは、セーフですね。行動はどうしますか？

[工業国]500G使って工場を建てます。

[バンク]さすがは工業国ですね。

　Logy&Nomyの1ターンがここで終わりました。この日のゲームは、このやりとりを4ターンまでくりかえしたところで、終了です。

　結果は、森林国の優勝！ 途中までは、お金持ち国が有利かと思われましたが、あと一歩およびませんでした。森林国は、もっとも多くの木を持っていたため、最後に環境先進国として認定され、補助金500Gを手にしました。これが、勝利の決め手となりました。

【この日のスコア】

	工場 (×250G)	資源 (×100G)	木 (×100G)	所持 G	補助金 G	合計 G
お金持ち国	1	3	3	4200	－	5050
資源国	1	8	4	1450	－	2950
工業国	3	4	2	1600	－	2950
森林国	1	6	12	2600	500	5150

[用語]※ぞうさん緑化マット⇒象のフンと、スリランカで大量のごみとなっていたヤシの殻を使った緑化用の芝生マット。

解説

Logy&Nomyができたわけ

　Logy&Nomyは、ひとりでも多くの中高生に、環境問題を身近に感じてもらいたいという願いから生まれました。イベントカードは、すべてのカードで現代の環境問題について学べるよう、内容が工夫されています。また、ゲームに使う駒やカードなどは、すべて手づくりです。

　ゲームのセットは全国に貸しだしが行われています。気軽に取りくめるところも、Logy&Nomyの魅力となっています。

駒やカードは、チームLogy&Nomyのメンバーが、ひとつひとつ手づくりしている。

現実の世界では、終わりのない環境問題

[冨浦]ここまでで、ゲームは終わりです。国に洪水が起こったり、ヒートアイランド現象が起こったりと、いろいろありました。木の駒をたくさん持っていたおかげで災害の被害が小さくすんだ、という場面もありましたね。

　Logy&Nomyはゲームなので、最後に勝敗が決まりますが、現実の環境問題は現在進行形で起こっていて、「終わり」はありません。しかも、解決する方法はひとつではないのです。そのため、問題をさまざまな角度からとらえる必要があります。

　ゲームは疑似体験かもしれません。でもLogy&Nomyを通して、環境問題を身近に感じ、解決する方法を自分なりに考えるきっかけにしてもらえたらうれしいです。

Project No.6

新しいキャリア教育の授業

スポーツを通して夢をかなえる力を育てよう

「夢・未来」プロジェクト

ぼくの体験がみんなのプラスになればいいと思います

講師
廣道 純さん

東京都教育委員会がオリンピック・パラリンピック教育の一環として行った「夢・未来」プロジェクト。東京都の中央区立晴海中学校では、プロ車いすランナーでパラリンピックメダリストの廣道さんを講師に招き、特別授業を行いました。

授業のねらい

「夢・未来」プロジェクトは、東京都教育委員会が、オリンピック・パラリンピックの理念や意義を子どもや学生に伝えるために行っている活動です。ぼくも、オリンピック・パラリンピックを経験したアスリートのひとりとして、授業をしにやって来ました。

まずは、ぼくがどうやって車いすレースに出会ったのかや、目標をかなえるためにどんな努力をしてきたのかをお話しします。夢をもつことの意味を、みなさんに考えていただけたらうれしいですね。

あとで、車いすレースという競技について知ってもらうための体験コーナーもあります。競技用の車いす「レーサー」を、晴海中学のみなさんはうまく乗りこなすことができるでしょうか？

PROFILE

廣道 純

1973年、大阪府堺市生まれ。高校1年生のとき、バイクで事故を起こして車いす生活となる。17歳で車いすレースの世界へ。1994年にアメリカへわたり、当時の車いすマラソン世界記録保持者、ジム・クナープ氏に弟子入りし、アスリートとしての素質を開花させる。2000年、シドニーパラリンピック800mで銀メダルを獲得。2004年、日本人で初めてのプロアスリートとして独立。同年、アテネパラリンピック800mで銅メダルを獲得。現在は、世界各国で年間20回のレースに出場しながら、選手育成や講演会なども積極的に行っている。

15歳のころ、事故がきっかけで人生をリセット

体育館に集まった381人の1〜3年生を前に、廣道さんのお話が始まりました。

廣道 ぼくは高校1年生のときに、バイク事故で車いす生活になりました。

そのころ、ぼくは親や先生の言うことを聞かずに、遊びまわっていました。世の中のルールから外れたこともいっぱいしましたね。そうするうちに、自ら起こした事故で脊髄を損傷して、歩けなくなったんです。でも、この事故をきっかけに「これまでの生き方がまちがっていたんだ」と気づくことができました。

みなさんは今、中学生で、勉強や友だちづきあいの悩み、恋愛の悩みなど、思春期でいろいろな悩みが出てきているころだと思います。そんななか、毎日「今日も1日健康で生きていられてよかったなあ」と思って生活していますか？

"ふつう"に生きていたら、こんな当たり前のことを、だれも考えないですよね。ぼくも、事故を起こすまではこの世に生まれたことに感謝することもありませんでした。

でも、事故にあってからは、「あのとき、一歩まちがえば死んでいたんだ」と思うと、脚が一生治らないとわかっても、不思議と落ちこむことはありませんでした。むしろ、前向きな気持ちでしたね。自分はここから、人生をリセットしてスタートするんだな、と思いました。

車いすレースとの出会い

人生をリセットして、車いすでの生活をがんばろうと決めた廣道さん。そんなとき、もともとスポーツが好きだった廣道さんに、医師がすすめたのが車いすレースでした。

廣道 ただ、最初から速く走れたわけではありません。初めて走ったときは、「そんなに速そうじゃないな」と思っていた人に負けてしまいました。くやしかったですね。それで、たくさん練習したら、その人に勝つことができた。それでまた、もう少し速い人を目標にして……というのをくりかえしました。すると、どんどん成績が上がっていったんです。

もし、最初から「日本一」になることを目標にしていたら、途中で競技がいやになって、あきらめていたかもしれません。ゴールが見えないくらい先にあると、人間はなかなかがんばれない。でも「ちょっと努力したら手が届くぞ」と思えるところにゴールがあると、不思議とがんばれるんです。

廣道さんは、競技のトレーニングや講演活動のかたわら、車いすレースを広めるための大会の企画や運営も行っている。

日本一をめざして、世界一の師匠に弟子入り

アスリートとして実力をつけていくにつれて、廣道さんは、だんだんと「日本一になる」という目標をもつようになりました。

廣道 目の前の目標をひとつひとつクリアしていくうちに、いつの間にか高い目標をもてるようになっていました。事故を起こす前の、何も考えず遊びまわっていた自分からすると、考えられないことです。

日本一になる夢をかなえるために、ぼくは当時世界チャンピオンだったジム・クナーブに弟子入りしたいと思いました。それで、事前に約束もせず、英語も全然話せない状態で、いきなりアメリカに会いに行ったんです。

下手な英語でしたが、「Please teach me.(わたしに教えてください)」と、勇気をふりしぼって伝えました。すると、熱意が通じたのか、ジム・クナーブは「Yes.」と返事をしてくれたんです。とてもうれしかったですね。

帰国したあとは、トレーニングをしながら英会話教室に通いました。中学生のころは、英語が大の苦手でしたが、「ジムから少しでも多くのことを学びたい」という強い気持ちがあったので、授業を一生懸命受けました。

そしてついに、アメリカに渡ってジムといっしょに練習するようになりました。トレーニング方法や、レース前の気持ちのコントロール方法、そして勝つためのレース運びなど、大切なことをたくさん教えてもらいました。そして1年後には、日本一になることができたんです。

「15歳のとき、事故で死なずに生きていたおかげで、車いすレースに出会うことができた。人生どこでどうなるか、本当にわかりません」と廣道さん。

夢はいつの間にかやって来るもの

廣道 ぼくの好きな言葉は「有言実行」です。2020年の東京パラリンピックは、ぼくも出場して、メダル争いをしたいと思っています。そして、そう言ったからには努力をします。自分の言ったことを実現しようとがんばっていると、その言葉を聞いた人たちが応援をしてくれます。だから、「将来こうなりたい」と思うものがあったら、声に出してみてください。

ぼくは今、日本各地や世界中を飛びまわってライバルと競いあい、練習をする毎日を過ごしています。15歳で歩けなくなったけれど、車いすレースの競技に出会って、今の人生がものすごく楽しい。けがをする前の人生よりもはるかに充実感を味わっています。

最後にもうひとつ。プロスポーツ選手や特定の職業をめざすことが夢のように思われがちですが、ぼくは「死ぬまで幸せに生きたい」というようなことが夢でもいいと思います。

ただ、チャンスは、じつはたくさん足元に転がっているものです。みなさんにも、近い将来かもっと先かわかりませんが、「今だ」と思うときが必ず来ます。そのときに気がつかず通りすぎてしまわないよう、心の準備はしておいてください。

競技中の廣道さん（中）。2016年の大分国際車いすマラソン大会でのようす。

・レポート・

車いすレースを体験

　講演のあと、生徒たちは実際に車いすレースにチャレンジしました。

　まず、廣道さんがレーサー（競技用車いす）に乗り、走るところを見せます。そのスピードに生徒たちもおどろきをかくせません。

　次は、いよいよ生徒たちが車いすレースを体験する番です。しかし、レーサーは、つくりがふつうの車いすとはまったくちがいます。競技を体験する前に、まずは、レーサーの操作方法を廣道さんから教わります。

競技用の車いす、レーサーは、ハの字型になった後輪と小さな前輪が特徴。乗りこむときは後輪の間の座席に正座する。

　いよいよ、生徒たちが車いすレースに挑戦です。1〜3年生の3チームが学年対抗リレーを行いました。
　「レーサーに乗ったら、前傾姿勢でいることがポイントです。赤いコーンのところまで走って、Uターンして帰って来てください。よし、じゃあいきますよ。位置について、よーい、スタート！」
　廣道さんのスタートの声で、代表選手たちは必死で車輪をこぎはじめました。選手の中には、廣道さんがびっくりするほど器用に、レーサーを操作した生徒もいました。
　レースの楽しさを体験したところで、特別授業もそろそろ終わりです。廣道さんの授業は、多くの生徒の心にさまざまな変化をもたらしたようです。

レーサーの座席は、はばが狭いので、初めて乗る人にとっては座るのもひと苦労。

【生徒たちの感想】

車いすレースのようす。代表選手たちは、みんなの声援を浴びながら、一生懸命レーサーを操作した。赤いコーンが折り返し地点。

　講演を聴いていると、廣道さんが幸せなのは、心のもち方の問題なのだと思いました。悩みがあるときなど、なかなかポジティブになれないわたしですが、少しずつ自分を変えたいです。（1年女子）

　車いすレースを見て、どんな過酷な練習をしてきたのかと思いました。テストで悪い点だったときは落ちこみますが、廣道さんのように短時間で切りかえて努力できる人になりたいです。（1年男子）

　レーサーに乗ってみて、狭いし重心が後ろにいくしで、大変でした。廣道さんの「近い目標から少しずつ達成していく」という話が参考になりました。ぼくもバスケ部の練習をがんばります！（2年男子）

　廣道さんの生きることに対する前向きな姿勢に感動しました。わたしもテニス部の練習をもっとがんばります！ 2020年のパラリンピックへの興味もより強いものになりました。（2年女子）

Guide Book

職場体験ガイドブック

STEP 1
職場体験の前に

目的や内容をきちんと理解して、職場体験当日をむかえられるように、準備をしましょう。

職場体験の準備の流れ

職場体験は、ふだんなかなかふれあう機会がない人や環境に出会うチャンスです。自分なりの目的をもって参加ができるように、しっかりと準備をして臨みましょう。

また、職場体験は、体験先の人に協力してもらうことで、成りたっています。体験先で快くむかえてもらえるよう、職場についての下調べなどは、入念に行いましょう。

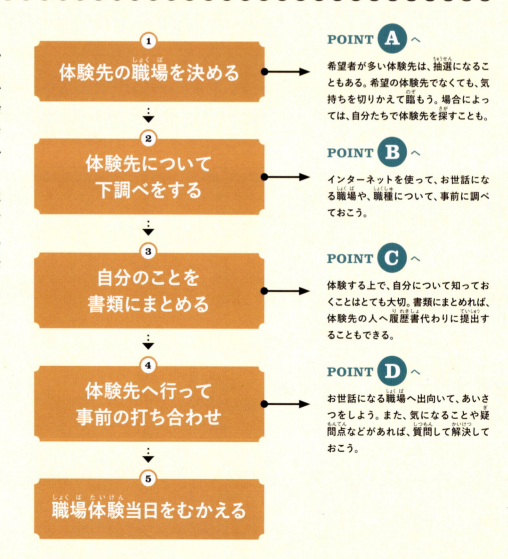

① 体験先の職場を決める → POINT A へ
希望者が多い体験先は、抽選になることもある。希望の体験先でなくても、気持ちを切りかえて臨もう。場合によっては、自分たちで体験先を探すことも。

② 体験先について下調べをする → POINT B へ
インターネットを使って、お世話になる職場や、職種について、事前に調べておこう。

③ 自分のことを書類にまとめる → POINT C へ
体験する上で、自分について知っておくことはとても大切。書類にまとめれば、体験先の人へ履歴書代わりに提出することもできる。

④ 体験先へ行って事前の打ち合わせ → POINT D へ
お世話になる職場へ出向いて、あいさつをしよう。また、気になることや疑問点などがあれば、質問して解決しておこう。

⑤ 職場体験当日をむかえる

職場体験は、仕事の現場を見たり、社会人と接したりする経験を通して、働くことや学ぶことの意義を考える機会です。より多くのことが学べるように、おさえるべきポイントを見てみましょう。

指導：
東京都荒川区立第三中学校校長
清水隆彦

POINT A　体験先の職場を決める

体験先はどんな基準で選ぶ？

職場体験は、どの職場へ行くか決めるところから始まります。体験先の選び方で迷う場合は、下の基準をもとに、考えてみましょう。

興味があるか
気になる職業や将来やってみたいと思っている職業が候補の中にあれば、職場体験を利用して、その現場を見てみよう。夢をかなえるための、大きなヒントが得られるかもしれない。

身近に感じられるか
家族や親戚などと同じ職業を選んでみよう。職場で体験することのひとつひとつを、「お父さんはいつもこんな仕事をしているんだな」などと、身近に感じながら学ぶことができる。

得意なことを活かせるか
「子どもと遊ぶのが好き」、「料理が得意」など、自分が得意なことが活かせる職場を選んでみてもよい。職場体験を通して、自分の長所を将来に活かすきっかけが見つかるかもしれない。

体験先について知っているか
職場体験では、学校の近くにある飲食店や病院などが体験先の候補になることもある。行ったことがある場所だと、職場のようすや仕事の内容など、イメージをふくらませやすい。

体験先を自分たちで探す場合

自分たちで体験先を探す場合も、何か基準をつくって探しましょう。どこへ行きたいかが決まったら、まずは電話でお願いをします。伝えるべきことや確認すべきことはあらかじめメモをしておき、もれがないようにしましょう。

電話での話し方の例

❶ 学校名、学年、名前を伝える。

❷ 「今、お話できますか？」などと、相手が話ができる状況か確認する。

❸ 職場体験先を探していて、その協力をお願いしたいことを伝える。

❹ 「○日～○日までの○時～○時まで」などと、職場体験の期間を伝える。

❺ 決定するのに時間がかかるようだったら、自分、または学校の連絡先を伝えて、お礼を言って電話を切る。

PICKUP　世の中の職業を知る、校内ハローワーク

東京都荒川区立第三中学校では、毎年さまざまな職業の人を講師に招き、仕事について授業をしてもらう「校内ハローワーク」という行事を行っています。1～3年生まで、全校生徒が参加する大きな行事です。

当日は、飛行機の整備士や美容師、芸能プロダクションのマネージャーなど30人が、教室で授業を行います。生徒は教室をまわって、講師の貴重な体験談を聞きます。将来の職業や、社会人になるのに必要な力を考えるきっかけになる行事です。

POINT B 体験先について下調べをする

体験先のことや、その職種について下調べをしよう

職場体験の日数は、3〜5日と限られています。その中で、より多くのことを学ぶためには、体験先の仕事について、きちんと下調べをしておくことが大切です。

企業や保育園、公共施設が体験先の場合は、インターネットで公式サイトなどを見ておきましょう。

学校の近くの飲食店など、身近な場所が体験先の場合、インターネットで下調べしておくことはもちろん、実際に足を運んで、どんな場所か見ておくのも方法のひとつです。

POINT C 自分のことを書類にまとめる

自分の性格や長所を書類にまとめよう

自分の性格や得意なことを書類にまとめてみましょう。

職場体験は、その仕事について学んだり、将来社会人として働くとき、どんな力が必要かを考えたりする機会です。自分が今もっている力や足りない力が何なのか、考えてみてください。将来に向けて身につけるべき力を見つけることに役立ちます。

また、この書類は、体験先の人に履歴書としてわたすこともできます。書類は、インターネットで公開されている書式を使用してもよいですし、書店やコンビニエンスストアで売っている市販の履歴書を使う方法もあります。

厚生労働省『指導に活用できるワークシート&知識』より

厚生労働省が作成した自己理解のためのワークシート。自分の特徴や長所などを書きこむ欄がある。

POINT D 体験先へ行って事前の打ち合わせ

打ち合わせのポイントは？

職場体験の前に、体験先を訪れて、体験の開始時間や仕事の内容などの打ち合わせをします。服装や言葉づかいに気をつけて、きちんとあいさつをしましょう。

わからないことや不安なことはないか、事前に確認して、打ち合わせのときに質問できるようにしましょう。また、当日、時間におくれることがないように、体験先までの経路も忘れずに調べておきましょう。

打ち合わせのときに気をつけたいこと

身だしなみを整える

体験先の人にだらしない印象をもたれないように、服を正しく着こなして、髪型も整えておこう。きちんとした姿勢で話をすることも、大事なポイント。

あいさつや自己紹介は元気よく

あいさつは、職場での最低限のマナー。大きな声でハキハキとあいさつをしよう。あいさつで、よい印象をもってもらえると、コミュニケーションも取りやすくなる。

自己紹介を記入した書類などを持っていく

体験先の人にわたす書類など、忘れ物がないように注意。打ち合わせ中にわからないことがあったとき、確認できるように、下調べでまとめた資料も持っていこう。

疑問点は、あらかじめまとめておく

体験先の人に聞きたいことはないか、あらかじめ確認しておこう。グループで職場体験をするときは、事前に全員の疑問点をまとめておくと、話がスムーズに進む。

STEP 2
職場体験のポイント

体験先の人の話をよく聞いて行動しましょう。
また、体験先の人に不快な思いをさせないように、
言葉づかいや態度に気をつけましょう。

職場体験当日の流れ

体験先では、ふだん通りの仕事が行われています。職場の人たちに迷惑をかけないように気をつけましょう。また、まわりの人に不快感をあたえないような言葉づかいや態度を心がけましょう。

体験中は、実際の業務に挑戦することも大切ですが、職場の人たちの仕事に対する姿勢をよく見ておくことも大事です。もしも、休憩中や移動中に余裕があれば、仕事のやりがいやむずかしさなどを聞いてみるとよいでしょう。

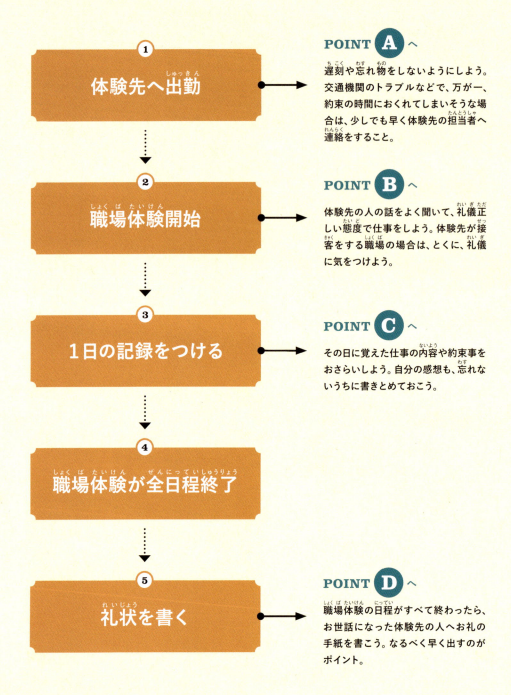

① 体験先へ出勤

POINT A へ
遅刻や忘れ物をしないようにしよう。交通機関のトラブルなどで、万が一、約束の時間におくれてしまいそうな場合は、少しでも早く体験先の担当者へ連絡をすること。

② 職場体験開始

POINT B へ
体験先の人の話をよく聞いて、礼儀正しい態度で仕事をしよう。体験先が接客をする職場の場合は、とくに、礼儀に気をつけよう。

③ 1日の記録をつける

POINT C へ
その日に覚えた仕事の内容や約束事をおさらいしよう。自分の感想も、忘れないうちに書きとめておこう。

④ 職場体験が全日程終了

⑤ 礼状を書く

POINT D へ
職場体験の日程がすべて終わったら、お世話になった体験先の人へお礼の手紙を書こう。なるべく早く出すのがポイント。

POINT A 体験先へ出勤

仕事をするときに心がけること

職場体験中は、社会人といっしょに過ごします。おたがいに気持ちよくやりとりができるように、心がけたいポイントを見てみましょう。

相手が聞きとりやすいようにハキハキとしゃべろう

あいさつはもちろん、返事や質問をするときは、相手が聞きとりやすいかどうかを意識して話すようにしよう。

わからないことや困ったことがあったら必ず相談しよう

「ささいなこと」と感じられるようなことが、じつはとても大切な場合もある。わからないことなどは、積極的に質問しよう。

仕事を教わるときは、メモを取ろう

仕事の手順などを教わるときはメモを取ろう。一度教えてもらったことは、メモを見ておさらいできるようにしておこう。

PICKUP 敬語の使い方をチェックしておこう

年上の人や目上の人と話をするときは、敬語を使うのが礼儀です。体験先で、きちんと使えるように、ポイントをチェックしておきましょう。

敬語は、大きく分けると「尊敬語」「謙譲語」「丁寧語」の3種類。「丁寧語」は、相手の立場に関係なく、物事をていねいに伝えるためのもので、文末に「〜です、〜ます、〜ございます」をつけます。体験先で、とくに使い方に気をつけたいのが「尊敬語」と「謙譲語」です。それぞれ、どのように使うか見てみましょう。

尊敬語 — 目上の人を立てるときに使う。

言う→おっしゃる
【使用例】
○○さんが先ほどおっしゃったように……

見る→ご覧になる
【使用例】
建物の中をご覧になってください。

行く→いらっしゃる、おいでになる
【使用例】
どちらにおいでになるのですか？

謙譲語 — 相手を立てるため、自分をへりくだるときに使う。

言う→申しあげる
【使用例】
わたしが先ほど申しあげたように……

見る→拝見する
【使用例】
建物の中を拝見します。

行く→うかがう
【使用例】
どちらにうかがえばよろしいですか？

POINT B 職場体験開始

働く人の表情や、仕事に対する姿勢に注目しよう

職場体験では、まわりの社会人が働くようすから、さまざまなことを学びとることも大切です。

仕事をするとき、どんな作業をしているのかや、どんなことを工夫しているのかなどに注目してみましょう。

また、どんな仕事も、スムーズに進めるためには、コミュニケーションが欠かせません。体験先の人たちが、どんなふうにコミュニケーションを取っているのかも、見てみましょう。

上／消防士は、いつでも火災現場へ出動できるよう、ふだんからきびきびとした動きで仕事をしている。

下／スーパーでは、お客さんが手に取りやすい場所に、売れ筋やおすすめの商品をならべるなどの工夫が見られる。

PICKUP 仕事に欠かせない「ホウ・レン・ソウ」

仕事は職場の仲間と協力して進めることがほとんどです。仲間どうしで力を合わせるためには、コミュニケーションを取ることが欠かせません。

そのコミュニケーションの基本として、よく挙げられるのが「報告」「連絡」「相談」。この3つはまとめて、「ホウ・レン・ソウ」とよばれています。

職場体験でも、「ホウ・レン・ソウ」はとても大切です。まかされた仕事が終わったら、体験先の人に「報告」し、体験先の人から教わった情報があれば仲間に「連絡」をします。そして、わからないことがあれば、体験先の人に必ず「相談」しましょう。「ホウ・レン・ソウ」を意識することで、いっしょに仕事をする仲間とよりよいコミュニケーションが取れるようになるのです。

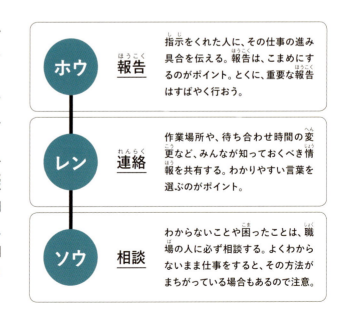

ホウ　報告　指示をくれた人に、その仕事の進み具合を伝える。報告は、こまめにするのがポイント。とくに、重要な報告はすばやく行おう。

レン　連絡　作業場所や、待ち合わせ時間の変更など、みんなが知っておくべき情報を共有する。わかりやすい言葉を選ぶのがポイント。

ソウ　相談　わからないことや困ったことは、職場の人に必ず相談する。よくわからないまま仕事をすると、その方法がまちがっている場合もあるので注意。

POINT C　1日の記録をつける

毎日、印象に残ったことや反省点をまとめよう

　1日の体験が終わったら、その日に覚えたことや反省点、職場で印象に残ったことなどをノートにまとめましょう。

　職場体験が終わると、事後学習として、レポートや新聞をつくります。そのとき、記録しておいたことをもとにまとめると、体験で学んだことをしっかりとふりかえることができます。

　また、次の日に仕事をするとき、「教えてもらったのに、忘れてしまった」などということがあっても、ノートを見て確認ができます。

その日のうちにノートをとると、教えてもらったことが記憶に残りやすいという利点もある。

POINT D　礼状を書く

体験先へ、感謝の気持ちを伝えよう

　職場体験が終わったら、右の文章例を参考に、体験先へ感謝の手紙を書きましょう。そのとき、押さえたいポイントが4つあります。

なるべく早く送る
感謝の気持ちを伝えるには、送るタイミングも大事。職場体験が終わってから2〜3日以内に送るのが理想だが、おそくなった場合はひと言おわびの言葉をそえよう。

礼儀正しい文章で書く
お世話になった相手への手紙なので、敬語を使い、礼儀正しい文章で書こう。一度下書きをして、文章を見直してから清書すると、きれいな礼状に仕上がる。

学んだことを書く
いそがしい中、受けいれてもらったことへの感謝を表すためにも、職場体験を通して学びとったことを伝えよう。体験先の人も、いっしょに過ごした成果を感じることができる。

気持ちをこめて書く
文例を参考に、ていねいな手紙を書くのはよいことだが、丸写しになってしまうと、感謝の気持ちが伝わりにくい。感謝の気持ちは、自分ならではの言葉で伝えよう。

感謝の気持ち
体験で学んだこと
宛先：こみね保育園のみなさま
自分の名前：小峰中学校 二年B組 小峰花子

　先日はお忙しい中、職場体験をさせていただきありがとうございました。三日間、大変お世話になりました。

　体験が始まる前は、子どもたちと仲良くなれるだろうか、きちんと面倒をみられるだろうかとドキドキしていましたが、先生方のおかげで充実した職場体験にすることができました。毎日が新しい発見の連続で、働くことの大変さとおもしろさを学びました。

　今回の職場体験を通してわたしが学んだのは、「つねに子どもの立場になって考えること」の大切さです。子どもの小さな手ではコップが持ちにくいこと、お着替えの大変さ、同じ景色でも見えかたがちがうこと。どれも体験の中で知ったことです。

　短い間ではありましたが、とても貴重な時間を過ごすことができました。今回学んだことを、今後の生活の中でも活かしていきたいと思います。この度は、本当にありがとうございました。

STEP 3

職場体験のあとに

職場体験での出来事を、レポートや新聞などにまとめます。
まとめの作業を通して、自分が体験で学んだことを
つかむことができます。

まとめの流れ

職場体験を通してわかったことを、レポートや新聞、ホームページなどにまとめます。

どのような形にまとめるかは学校によってちがいます。しかし、いずれの場合も、「職場の人が工夫していたこと」「自分が努力してできるようになったこと」などと、自分が体験した内容を要素別に整理することが大切です。

まとめた内容を、大勢の前で発表する機会がある場合は、その準備も念入りに行いましょう。

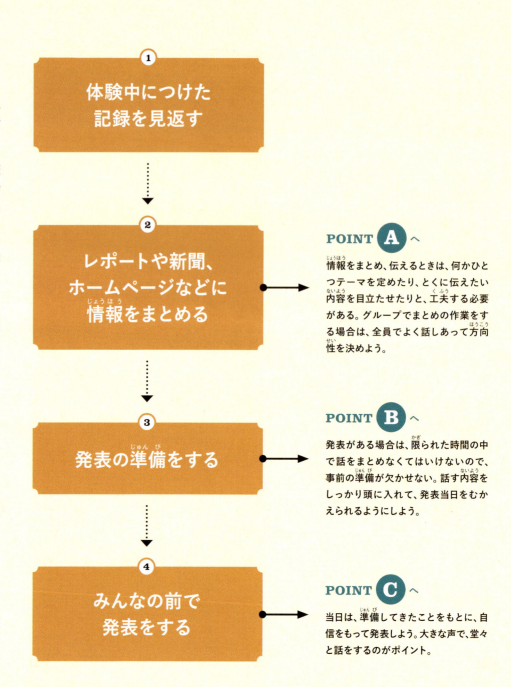

① 体験中につけた記録を見返す

② レポートや新聞、ホームページなどに情報をまとめる

POINT A へ
情報をまとめ、伝えるときは、何かひとつテーマを定めたり、とくに伝えたい内容を目立たせたりと、工夫する必要がある。グループでまとめの作業をする場合は、全員でよく話しあって方向性を決めよう。

③ 発表の準備をする

POINT B へ
発表がある場合は、限られた時間の中で話をまとめなくてはいけないので、事前の準備が欠かせない。話す内容をしっかり頭に入れて、発表当日をむかえられるようにしよう。

④ みんなの前で発表をする

POINT C へ
当日は、準備してきたことをもとに、自信をもって発表しよう。大きな声で、堂々と話をするのがポイント。

POINT **A** レポートや新聞、ホームページなどに情報をまとめる

情報をわかりやすく伝えるポイント

まとめの方法にはさまざまありますが、読み手に情報が伝わりやすいよう工夫できることは共通しています。ここでは、壁新聞の場合を例に、どんなポイントがあるか紹介します。

工夫したことを書こう

自分で気がついて工夫できたことがあれば、まとめておこう。これまで気がついていなかった、自分の長所を知るきっかけにもなる。

データを盛りこもう

職場体験を通して気になったテーマは、本やインターネットで深く調べよう。テーマに関する統計データが見つかったら、グラフや表にすると、読み手に情報が伝わりやすくなる。

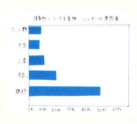

写真やイラストを効果的に使おう

言葉で説明するより、写真やイラストで見せた方が、伝わることもある。見出しの文字とのバランスを考えて、効果的に配置しよう。

記事に見出しをつけよう

それぞれの記事に、短くわかりやすい言葉で見出しをつけよう。その記事に、何について書かれているのかが、読み手にひと目で伝わるようになる。

どんな仕事をしたのか書こう

体験先でどんな仕事をしたのかは、記録ノートを参考にして、なるべく具体的に書こう。

体験を通してどんな感想をもったのか書こう

書き手が感じたことを盛りこむと、読み手が思わず引きこまれるような、印象的な記事になる。また、職場体験の思い出にもなる。

職場のおとなを見て、気づいたことを書こう

おとなの働く姿を見ていて、気がついたことを書こう。もしも、体験中に体験先の人から聞くことができた話があれば、それを書いてもよい。

37

POINT B　発表の準備をする

聞き手に伝わる話ができるように準備

　職場体験で学んだことを、自分の言葉で伝えられるように、しっかりと準備をしましょう。リハーサルをするときは、本番のときのような気持ちで練習しておきましょう。

聞き手にわかりやすいように、話の順番を考えよう

まずは発表のテーマを決めて、盛りこむ要素を決める。どんな職場へ行き、何を体験したのかが聞き手にわかりやすいように、話の順番を考えよう。そのあと、話をよりわかりやすくするために必要な情報やデータを集めよう。

具体的な数字やデータを示し、イメージしやすくしよう

例えば、「アレルギー対応の給食だった園児は8人」という情報に、「保育園では小学校に比べて倍の人数の子どもに食物アレルギーがある」というデータを加えると、保育園で子どもの食事に気を配ることの必要性がよく伝わる。

グループで発表する場合は担当を決めよう

だれがどの話をするのか、担当を決めよう。担当が決まったら、わかりやすい言葉で説明ができるよう、話の内容を整理しよう。本番は、メモを見ずに話ができるのが理想。

時間をうまく使って発表できるよう、リハーサルをしよう

発表は、それぞれ持ち時間が決まっている。時間を計りながらリハーサルをして、話すスピードを確認しておこう。また、リハーサルのときから、大きな声でしゃべることを意識しよう。

POINT C みんなの前で発表をする

発表するときのポイント

準備してきたことをしっかりと発揮できるように、本番は自信をもって臨みましょう。「聞き手に伝える」ということを意識して、言葉がはっきりと伝わるように話をしましょう。

姿勢を正して、態度よく話をしよう

聞き手にだらしない印象をあたえないように、姿勢を正して堂々と話をしよう。発表するがわの態度が悪いと、聞き手の話を聞こうとする意欲がうすれてしまう。

ゆっくりと大きな声で話そう

緊張すると、早口になったり、声が小さくなったりする。リハーサルで練習したことを思いだして、ゆっくりと大きな声で話そう。

PICKUP 　職場体験での経験を学校生活に活かす

東京都荒川区立第三中学校では、生徒が職場体験で学んだことをふりかえる機会がさまざま設けられています。その中のひとつが、担任の先生と行う個人面談です。

個人面談は、体験先の人が書いた「評価票」をもとに行われます。体験先で、自分のどんな能力が評価されたのか、また、苦手だったのはどんな部分かを確認するのです。

職場体験は、将来なりたい職業を見つけるためだけでなく、自分がどんな力をのばせばよいのか、知るための機会でもあるのです。

インターネットを活用して職業について調べよう

インターネットでは、職業についてはもちろん、企業の情報や実際に働いている人の声まで、はば広い情報を調べることができます。効果的に活用しましょう。

インターネットは、どうやって使うと効果的？

インターネット上には、無数の情報があります。その中から、自分が知りたい情報を見つけるためには、検索ワードの選び方が重要です。

例えば、お菓子にたずさわる仕事に興味がある場合、「お菓子　仕事」という言葉で検索するのと、「お菓子をつくる仕事」という言葉で検索するのとでは、検索結果がちがいます。お菓子をつくる職業の中でもパティシエに興味がある場合は「パティシエ　なり方」「パティシエ　仕事内容」など、具体的な言葉で検索すると効果的です。

知りたい情報がなかなか見つからない場合は、自分が知りたい情報の内容に合わせて、検索ワードを変えてみましょう。

お菓子をつくる食品メーカーを調べる場合

検索ワードの選び方が大切。自分が知りたいのはどんな情報か、きちんとわかっていると、的確な検索ワードを入力することができる。

食品メーカーをまとめたサイトのほか、実際に食品メーカーで就職した人のインタビュー記事など、さまざまな情報が見つかった。

CHECK

情報の「正しさ」を見極めよう

インターネットでは、だれもが自由に情報を発信できるため、不正確な情報がのっている場合もある。複数のWEBサイトを見比べたり、企業や行政機関が発表している情報を確認したりして、正しい情報かどうか見極めよう。

新しい情報かどうか確認しよう

インターネットは最新の情報が調べられるのがよいところ。しかし、中には古い情報がずっとWEBサイトに残ってしまっている場合もある。見つけた情報がいつ発信されたものなのか、チェックする習慣をつけよう。

職業を知るために、役立つWEBサイト

「世の中にどんな職業があるのか知りたい」、
「興味のある職業についてくわしく知りたい」、
そんな場合に、活用したいWEBサイトを紹介します。

スタディサプリ進路
その職業の仕事内容や必要な資格について調べられるほか、関連する大学の学科も知ることができる。自分に合った職業を探すための「適職診断」のコーナーもある。

https://shingakunet.com/

13歳のハローワーク公式サイト
職業を、分野や自分の好きなことから検索することができる。ほかに、小学校時代の思い出から自分のタイプを診断する「思い出タイプ診断」などのページがある。

https://www.13hw.com/

Career Garden
働く人のインタビューをまとめたページや、「正社員と契約社員のちがい」「雇用保険とは」など、実際に働くようになったとき、役立つ知識をまとめたコラムページなどがある。

https://careergarden.jp/

PICKUP

インターネットと本を目的に合わせて使いわけよう

インターネットは、ひとりでコツコツと調べるのにぴったり。一方、本は、グループで話し合いをしながら調べ物をするときに使いやすい。

　インターネットは、情報をすばやく知るのに便利です。東京都荒川区立第三中学校の生徒は、それに加えて、学校図書館での調べ物も積極的に行っています。
　本には、ひとつのテーマについて、さまざまな角度からほりさげた情報がまとめられています。例えば、インターネットで基礎知識をつけたあと、気になったことを、本を読んで深く調べるなど、両方のよいところを活かせるように、工夫して調べ物をしましょう。

これからのキャリア教育に必要な視点 7

ボランティアで人の役に立つ喜びを知る

▶ オリンピック・パラリンピックを支える

2021年に、東京でオリンピックとパラリンピックが開催されました。大会期間中は選手だけに注目が集まりがちですが、忘れてならないのはボランティアの存在です。2012年のロンドン大会では約7万人、2016年のリオ大会では約5万人が大会の運営を支えました。オリンピック・パラリンピックは多くのボランティアによって支えられてきたのです。

ボランティアとして、新しい経験をしたり、人とふれあったり、困っている人を助けたりしたい人は、世界中にたくさんいるということです。

この本に登場した企業の人たちやアスリートは自らの知識や経験を活かし、中学生のために授業をしています。その目的は社会への貢献であり、根底にあるのは「だれかの役に立ちたい」という思いです。

また、国内で災害が起こったときに被災地で活動をする人、青年海外協力隊のように世界のために活動する人、身近なところでは農家の収穫を手伝う人など、世の中にはさまざまなボランティア活動があります。

▶「役立ち感は、生きがい感」

ボランティア活動は学校でもできます。学校で行う場合、ボランティア活動のねらいは「役立ち感は、生きがい感」という言葉に集約されると思います。これはわたしがつくった言葉なのですが、この言葉の意味がよくわかる話をしましょう。学校に講演に来た、ある企業の社長が中学生にこう言いました。

「会社経営の目的は、お金もうけではありません。うそだと思う人は手を挙げてごらん」。すると、数人の中学生が手を挙げました。社長はこう続けました。

「たしかに利益を上げないと会社はつぶれてしまいますから、うそだと思われてもしかたがありません。でもわたしは、製品を使ってもらうことで世間の役に立ちたいのです。

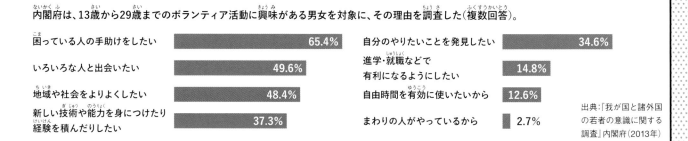

ボランティア活動に興味がある理由

内閣府は、13歳から29歳までのボランティア活動に興味がある男女を対象に、その理由を調査した（複数回答）。

困っている人の手助けをしたい	65.4%
いろいろな人と出会いたい	49.6%
地域や社会をよりよくしたい	48.4%
新しい技術や能力を身につけたり経験を積んだりしたい	37.3%
自分のやりたいことを発見したい	34.6%
進学・就職などで有利になるようにしたい	14.8%
自由時間を有効に使いたいから	12.6%
まわりの人がやっているから	2.7%

出典：『我が国と諸外国の若者の意識に関する調査』内閣府（2013年）

ＣＷＰＪ（Club World Peace Japan）は、中学生と高校生が中心となり、企画・運営しているボランティアグループ。災害からの復興支援（左）や街のそうじ（右）、環境保護活動などはば広く活動している。

なぜなら、この製品を使うと、仕事がそれまでの10分の1の時間でできます。だから、製品の値段を安くし、できるだけ買いやすいものにして、広く利用してもらいたいのです」。

中学生は、企業でも、「だれかの役に立ちたい」という思いが仕事に取りくむ理由になることがわかったようです。

▶ 中学時代に「人の役に立つ」経験を

中学校で行うボランティア活動は、毎年やることが同じになりがちです。そこで、わたしは教頭時代、地域のニーズをほりおこすため、「注文ボランティア」という活動をしました。「中学生を派遣します。中学生の力が必要な方はお電話ください」と書いたチラシを地域の各家庭に配布したのです。さまざまな依頼があった中で印象に残っているのは、「娘たちとカラオケを歌ってほしい」というお母さんからの依頼でした。娘さんたちは30歳を過ぎた姉妹で、知的障害があります。自宅でカラオケを歌うのが何よりの楽しみなのです。

ところがいつもふたりなので、お母さんは中学生がいっしょに歌ってくれたら楽しいのではないかと思って応募してきたそうです。

「ああ、楽しかった！」

これは姉妹の家に行き、いっしょにカラオケを歌ってきた生徒の言葉です。カラオケが楽しかったのではありません。目の前で喜ぶ姉妹と、その姿を見て感激しているお母さんを見て、その生徒は「楽しかった」と表現したのです。このように「役立ち感は、生きがい感」を体感すると、ボランティア活動は楽しいものになります。

人の役に立つことほど、生きがいを感じることはありません。「あなたのおかげで」と人から言われたときの喜びは格別です。ボランティア活動を通して、生徒たちは、働くことの本質的な喜びを経験するでしょう。このような経験をするかしないかで、生徒たちの職業観は大きく変わってくるはずです。だからこそ、キャリア教育の中でもボランティア活動を重視してほしいのです。

PROFILE
玉置　崇

岐阜聖徳学園大学教育学部教授。
愛知県小牧市の小学校を皮切りに、愛知教育大学附属名古屋中学校や小牧市立小牧中学校管理職、愛知県教育委員会海部教育事務所所長、小牧中学校校長などを経て、2015年4月から現職。数学の授業名人として知られる一方、ICT活用の分野でも手腕を発揮し、小牧市の情報環境を整備するとともに、教育システムの開発にも関わる。文部科学省「校務におけるICT活用促進事業」事業検討委員会座長をつとめる。

構成／林孝美

さ く い ん

あ

アスリート …………………………… 25, 26, 42

アニメ ……………………………………… 12, 13, 14

伊藤工務店 ………………………………………… 16

インターネット ……………… 13, 28, 30, 37, 40, 41

WEBサイト …………………………………… 11, 40, 41

NPO法人企業教育研究会 ……………… 4, 8, 12, 16

オリンピック ……………………………………… 25, 42

か

かごマット ………………………………………… 19

環境 …………… 17, 19, 20, 21, 22, 23, 28, 43

関数 ………………………………………… 9, 10, 11

企画書 ……………………………………………… 10

記事 ……………………… 4, 5, 6, 7, 13, 37, 40

キャラクター ……………………………… 9, 10, 11

キャリア教育 …… 4, 8, 12, 16, 19, 20, 24, 42, 43

車いすレース …………………………… 25, 26, 27

敬語 ……………………………………………… 33, 35

ゲームづくり …………………………………… 8, 10

原稿 …………………………………………… 6, 7

検索 ………………………………………… 40, 41

建設事業 …………………………………… 16, 17

校内ハローワーク ………………………………… 29

鋼矢板 ……………………………………………… 18

護岸工事 ……………………………… 16, 17, 18, 19

コミュニケーション ……………………… 31, 34

コンピューター ……………………… 9, 10, 11, 12, 15

さ

締め切り時間 ………………………………………… 6

取材 …………………………………………… 5, 6

職場体験 ……………… 9, 28, 29, 30, 31, 32, 33,

34, 35, 36, 37, 38, 39

た

新聞記者 …………………………………… 5, 6, 7

ぞうさん緑化マット ……………………………… 23

ソニー・インタラクティブエンタテインメント ……… 8, 9

チームLogy＆Nomy ……………………… 20, 23

データ ……………… 7, 12, 13, 14, 15, 37, 38

デザイナー ………………………………………… 10

電話 ……………………………………………… 29, 43

統計 …………………………………………… 15, 37

土木建設 …………………………………………… 17

な

日本IBM …………………………………………… 12

は

発表 …………… 5, 7, 14, 15, 36, 38, 39, 40

パラリンピック ……………… 24, 25, 26, 27, 42

ビッグデータ ……………………………………… 15

プログラミング …………………………… 8, 9, 10, 11

プログラム ………………………………… 9, 10, 11

プロ車いすランナー ……………………………… 24

ホウ・レン・ソウ ………………………………… 34

ボードゲーム ……………………………………… 20

補強 …………………………………… 16, 17, 18, 19

ボランティア ……………………………………… 42, 43

や

「夢・未来」プロジェクト …………………… 24, 25

読売新聞東京本社（読売新聞） ………………… 4, 5, 6

ら

リハーサル ……………………………………… 38, 39

履歴書 …………………………………………… 28, 30

礼状 …………………………………………… 32, 35

レーサー（競技用車いす） ……………………… 25, 27

Logy＆Nomy …………………………… 20, 21, 23

【取材協力】

NPO法人企業教育研究会　https://ace-npo.org/
株式会社読売新聞東京本社　https://info.yomiuri.co.jp/
株式会社ソニー・インタラクティブエンタテインメント　https://www.sie.com/
日本アイ・ビー・エム株式会社　https://www.ibm.com/jp-ja/
千葉県魅力ある建設事業推進協議会　https://ccichiba.jp/
株式会社伊藤工務店　http://www.ito-co.co.jp/
チームLogy & Nomy　https://www.facebook.com/LogyNomy/
廣道 純　https://jhiromichi.com/

—

東京都教育庁
中央区教育委員会
四街道市立四街道中学校
横浜市立軽井沢中学校
千葉市立幕張中学校
中央区立晴海中学校
荒川区立第三中学校
新宿区立四谷中学校
中村中学校

【写真協力】

Culb World Peace Japan　p43

【解説】

玉置崇（岐阜聖徳学園大学教育学部教授）　p42-43

【指導】

清水隆彦（荒川区立第三中学校校長）　p28-41

【装丁・本文デザイン】

アートディレクション／尾原史和・大鹿純平
デザイン／SOUP DESIGN

【撮影】

笹島佑介（オフィス303）　p4-7
平井伸造　p8-15、p20-27
羽後栄　p16-19

【イラスト】

山口正児　p28-39

【執筆】

林孝美　p42-43

【企画・編集】

西塔香絵・渡部のり子（小峰書店）
常松心平・中根会美（オフィス303）

【協力】

加藤雪音
岡村虹
加藤梨子
若松志歩
柴田さな
相本乃杏

キャリア教育に活きる!
仕事ファイル 7
新しいキャリア教育ガイドブック

2017年 4 月 5 日　第 1 刷発行
2022年 5 月10日　第 5 刷発行

編　著　小峰書店編集部
発行者　小峰広一郎
発行所　株式会社小峰書店
　　　　〒162-0066東京都新宿区市谷台町4-15
　　　　TEL 03-3357-3521　FAX 03-3357-1027
　　　　https://www.komineshoten.co.jp/
印　刷　株式会社精興社
製　本　株式会社松岳社

©Komineshoten
2017　Printed in Japan
NDC 366　44p　29×23cm
ISBN978-4-338-30907-3

乱丁・落丁本はお取り替えいたします。
本書の無断での複写（コピー）、上演、放送等の二次利用、翻案等は、著作権法上の例外を除き禁じられています。本書の電子データ化などの無断複製は著作権法上の例外を除き禁じられています。代行業者等の第三者による本書の電子的複製も認められておりません。

キャリア教育に活きる！ 仕事ファイル

センパイに聞く

第1期 全7巻

① **ITの仕事**
システムエンジニア、プログラマー
CGアニメーター、プランナー、WEBデザイナー
サウンドクリエーター

② **メディアの仕事**
映像クリエーター、YouTubeクリエーター、アナウンサー
広告ディレクター、編集者、グラフィックデザイナー

③ **ファッションの仕事**
ファッションデザイナー
ファッションイベントプロデューサー
カメラマン、ヘア＆メイクアップアーティスト
プレス、スタイリスト

④ **ショップの仕事**
雑貨店店長、アパレルショップ店長、
百貨店バイヤー、オンラインモール運営
園芸店店長、書店員

⑤ **フードの仕事**
レシピサービス運営、調理師、菓子開発者
パティシエ、フードコーディネーター、農家

⑥ **インターナショナルな仕事**
映像翻訳家、留学カウンセラー、商社パーソン
旅行会社営業、日本ユネスコ協会連盟職員、JICA職員

⑦ **新しいキャリア教育ガイドブック**

第2期 全6巻

⑧ **サイエンスの仕事**
気象予報士、データサイエンティスト
JAXA研究者、JAMSTEC研究者、ロボット開発者
科学コミュニケーター

⑨ **学校の仕事**
中学校教諭、特別支援学校教諭、保育士
司書教諭、スクールカウンセラー、文房具開発者

⑩ **住まいの仕事**
デベロッパー、建築家、大工、家具職人
プロダクトデザイナー、生活雑貨バイヤー

⑪ **動物の仕事**
水族園調査係、WWFジャパン職員
盲導犬訓練士、獣医師、動物保護団体職員
動物園飼育係

⑫ **メディカルの仕事**
歯科医、フライトドクター、心臓血管外科医
オペナース、医薬品研究者、再生医療研究者

⑬ **伝統文化の仕事**
着物デザイナー、江戸切子職人、花火ディレクター
あめ細工師、こけし工人、日本酒蔵人

第3期 全7巻

⑭ **マネーの仕事**
銀行員、証券会社システム開発、造幣局職員
電子マネー企画、公認会計士
ファイナンシャルプランナー

⑮ **スポーツの仕事**
スポーツアナウンサー、スポーツマーケター
プロ野球球団職員、スポーツトレーナー
スポーツ用品メーカー営業
eスポーツプレーヤー

⑯ **旅行の仕事**
客室乗務員、エコツアーガイド
観光タクシードライバー、日本政府観光局職員
ホテリエ、旅行サイト制作

⑰ **海の仕事**
海上保安官、漁師
スクーバダイビングインストラクター
航海士、造船技師、水産食品研究者

⑱ **山の仕事**
林業作業士、アウトドアメーカー広報
自然保護官、山岳ガイド、山岳救助隊員、火山研究者

⑲ **福祉の仕事**
手話通訳士、点字フォント発明家、介護福祉士
理学療法士、義肢装具士、ケースワーカー

⑳ **美容の仕事**
美容師、エステティシャン、ネイルアーティスト
ビューティーアドバイザー、化粧品研究者、美容皮膚科医